Baby's Name

Address

Mobile Number

Important Numbers

Date ....

Feed

Time	Food	Amount

Sleep

From	To	Duration

Diapers

Time	Pee	Poop
.....	☐	☐
.....	☐	☐
.....	☐	☐
.....	☐	☐
.....	☐	☐
.....	☐	☐
.....	☐	☐
.....	☐	☐
.....	☐	☐

Notes

....
....
....
....
....
....
....
....

Activities

Date ....

Feed

Time	Food	Amount

Sleep

From	To	Duration

Notes

....

....

....

....

....

....

....

Diapers

Time	Pee	Poop
....	☐	☐
....	☐	☐
....	☐	☐
....	☐	☐
....	☐	☐
....	☐	☐
....	☐	☐
....	☐	☐
....	☐	☐
....	☐	☐

Activities

Date ....

Feed

Time	Food	Amount

Sleep

From	To	Duration

Diapers

Time	Pee	Poop
....	☐	☐
....	☐	☐
....	☐	☐
....	☐	☐
....	☐	☐
....	☐	☐
....	☐	☐
....	☐	☐
....	☐	☐

Notes

....

....

....

....

....

....

....

....

Activities

Date ....

Feed

Time	Food	Amount

Sleep

From	To	Duration

Diapers

Time	Pee	Poop
....	☐	☐
....	☐	☐
....	☐	☐
....	☐	☐
....	☐	☐
....	☐	☐
....	☐	☐
....	☐	☐
....	☐	☐

Notes

Activities

Date ....

Feed

Time	Food	Amount

Sleep

From	To	Duration

Diapers

Time	Pee	Poop
....	☐	☐
....	☐	☐
....	☐	☐
....	☐	☐
....	☐	☐
....	☐	☐
....	☐	☐
....	☐	☐
....	☐	☐

Notes

....
....
....
....
....
....
....

Activities

Date ....

Feed

Time	Food	Amount

Sleep

From	To	Duration

Notes

....
....
....
....
....
....
....
....

Diapers

Time	Pee	Poop
....	☐	☐
....	☐	☐
....	☐	☐
....	☐	☐
....	☐	☐
....	☐	☐
....	☐	☐
....	☐	☐
....	☐	☐

Activities

Date ....

Feed

Time	Food	Amount

Sleep

From	To	Duration

Diapers

Time	Pee	Poop
....	☐	☐
....	☐	☐
....	☐	☐
....	☐	☐
....	☐	☐
....	☐	☐
....	☐	☐
....	☐	☐
....	☐	☐

Notes

....
....
....
....
....
....
....

Activities

Date ....

Feed

Time	Food	Amount

Sleep

From	To	Duration

Diapers

Time	Pee	Poop
....	☐	☐
....	☐	☐
....	☐	☐
....	☐	☐
....	☐	☐
....	☐	☐
....	☐	☐
....	☐	☐
....	☐	☐

Notes

....
....
....
....
....
....
....
....

Activities

Date ....

Feed

Time	Food	Amount

Sleep

From	To	Duration

Notes

....
....
....
....
....
....
....
....

Diapers

Time	Pee	Poop
......	☐	☐
......	☐	☐
......	☐	☐
......	☐	☐
......	☐	☐
......	☐	☐
......	☐	☐
......	☐	☐
......	☐	☐

Activities

Date ....

Feed

Time	Food	Amount

Sleep

From	To	Duration

Notes

....
....
....
....
....
....
....
....

Diapers

Time	Pee	Poop
	☐	☐
	☐	☐
	☐	☐
	☐	☐
	☐	☐
	☐	☐
	☐	☐
	☐	☐
	☐	☐

Activities

Date ....

Feed

Time	Food	Amount

Sleep

From	To	Duration

Diapers

Time	Pee	Poop
....	☐	☐
....	☐	☐
....	☐	☐
....	☐	☐
....	☐	☐
....	☐	☐
....	☐	☐
....	☐	☐
....	☐	☐

Notes

....
....
....
....
....
....
....
....

Activities

Date ....

Feed

Time	Food	Amount

Sleep

From	To	Duration

Diapers

Time	Pee	Poop
	☐	☐
	☐	☐
	☐	☐
	☐	☐
	☐	☐
	☐	☐
	☐	☐
	☐	☐
	☐	☐

Notes

....
....
....
....
....
....
....
....

Activities

Date ....

Feed

Time	Food	Amount

Sleep

From	To	Duration

Diapers

Time	Pee	Poop
....	☐	☐
....	☐	☐
....	☐	☐
....	☐	☐
....	☐	☐
....	☐	☐
....	☐	☐
....	☐	☐
....	☐	☐

Notes

Activities

Date ....

Feed

Time	Food	Amount

Sleep

From	To	Duration

Notes

....
....
....
....
....
....
....
....

Diapers

Time	Pee	Poop
....	☐	☐
....	☐	☐
....	☐	☐
....	☐	☐
....	☐	☐
....	☐	☐
....	☐	☐
....	☐	☐
....	☐	☐

Activities

Date ....

Feed

Time	Food	Amount

Sleep

From	To	Duration

Diapers

Time	Pee	Poop
	☐	☐
	☐	☐
	☐	☐
	☐	☐
	☐	☐
	☐	☐
	☐	☐
	☐	☐
	☐	☐

Notes

Activities

Date ....

Feed

Time	Food	Amount

Sleep

From	To	Duration

Notes

....
....
....
....
....
....
....
....
....

Diapers

Time	Pee	Poop
....	☐	☐
....	☐	☐
....	☐	☐
....	☐	☐
....	☐	☐
....	☐	☐
....	☐	☐
....	☐	☐
....	☐	☐

Activities

Date ....

Feed

Time	Food	Amount

Sleep

From	To	Duration

Diapers

Time	Pee	Poop
....	☐	☐
....	☐	☐
....	☐	☐
....	☐	☐
....	☐	☐
....	☐	☐
....	☐	☐
....	☐	☐
....	☐	☐

Notes

Activities

Date ....

Feed

Time	Food	Amount

Sleep

From	To	Duration

Diapers

Time	Pee	Poop
....	☐	☐
....	☐	☐
....	☐	☐
....	☐	☐
....	☐	☐
....	☐	☐
....	☐	☐
....	☐	☐
....	☐	☐

Notes

Activities

Date ....

Feed

Time	Food	Amount

Sleep

From	To	Duration

Diapers

Time	Pee	Poop
....	☐	☐
....	☐	☐
....	☐	☐
....	☐	☐
....	☐	☐
....	☐	☐
....	☐	☐
....	☐	☐
....	☐	☐

Notes

....
....
....
....
....
....
....
....

Activities

Date ....

Feed

Time	Food	Amount

Sleep

From	To	Duration

Notes

....
....
....
....
....
....
....
....

Diapers

Time	Pee	Poop
....	☐	☐
....	☐	☐
....	☐	☐
....	☐	☐
....	☐	☐
....	☐	☐
....	☐	☐
....	☐	☐
....	☐	☐

Activities

Date ....

Feed

Time	Food	Amount

Sleep

From	To	Duration

Diapers

Time	Pee	Poop
......	☐	☐
	☐	☐
	☐	☐
	☐	☐
	☐	☐
	☐	☐
	☐	☐
	☐	☐
	☐	☐

Notes

Activities

Date ....

Feed

Time	Food	Amount

Sleep

From	To	Duration

Diapers

Time	Pee	Poop
....	☐	☐
....	☐	☐
....	☐	☐
....	☐	☐
....	☐	☐
....	☐	☐
....	☐	☐
....	☐	☐
....	☐	☐

Notes

....
....
....
....
....
....
....
....

Activities

Date ....

Feed

Time	Food	Amount

Sleep

From	To	Duration

Diapers

Time	Pee	Poop
	☐	☐
	☐	☐
	☐	☐
	☐	☐
	☐	☐
	☐	☐
	☐	☐
	☐	☐
	☐	☐

Notes

Activities

Date ....

Feed

Time	Food	Amount

Sleep

From	To	Duration

Notes

....

....

....

....

....

....

....

....

Diapers

Time	Pee	Poop
....	☐	☐
....	☐	☐
....	☐	☐
....	☐	☐
....	☐	☐
....	☐	☐
....	☐	☐
....	☐	☐
....	☐	☐

Activities

Date ....

Feed

Time	Food	Amount

Sleep

From	To	Duration

Diapers

Time	Pee	Poop
.....	☐	☐
	☐	☐
	☐	☐
	☐	☐
	☐	☐
	☐	☐
	☐	☐
	☐	☐
	☐	☐

Notes

Activities

Date ....

Feed

Time	Food	Amount

Sleep

From	To	Duration

Notes

....
....
....
....
....
....
....

Diapers

Time	Pee	Poop
....	☐	☐
....	☐	☐
....	☐	☐
....	☐	☐
....	☐	☐
....	☐	☐
....	☐	☐
....	☐	☐
....	☐	☐

Activities

Date ....

Feed

Time	Food	Amount

Sleep

From	To	Duration

Diapers

Time	Pee	Poop
....	☐	☐
....	☐	☐
....	☐	☐
....	☐	☐
....	☐	☐
....	☐	☐
....	☐	☐
....	☐	☐
....	☐	☐

Notes

Activities

Date ....

Feed

Time	Food	Amount

Sleep

From	To	Duration

Diapers

Time	Pee	Poop
....	☐	☐
....	☐	☐
....	☐	☐
....	☐	☐
....	☐	☐
....	☐	☐
....	☐	☐
....	☐	☐
....	☐	☐

Notes

....
....
....
....
....
....
....
....

Activities

Date ....

Feed

Time	Food	Amount

Sleep

From	To	Duration

Diapers

Time	Pee	Poop
......	☐	☐
......	☐	☐
......	☐	☐
......	☐	☐
......	☐	☐
......	☐	☐
......	☐	☐
......	☐	☐
......	☐	☐

Notes

Activities

Date ....

Feed

Time	Food	Amount

Sleep

From	To	Duration

Diapers

Time	Pee	Poop
....	☐	☐
....	☐	☐
....	☐	☐
....	☐	☐
....	☐	☐
....	☐	☐
....	☐	☐
....	☐	☐
....	☐	☐

Notes

....
....
....
....
....
....
....
....

Activities

Date ....

Feed

Time	Food	Amount

Sleep

From	To	Duration

Diapers

Time	Pee	Poop
....	☐	☐
....	☐	☐
....	☐	☐
....	☐	☐
....	☐	☐
....	☐	☐
....	☐	☐
....	☐	☐
....	☐	☐

Notes

....
....
....
....
....
....
....

Activities

Date ....

Feed

Time	Food	Amount

Sleep

From	To	Duration

Notes

....
....
....
....
....
....
....
....
....

Diapers

Time	Pee	Poop
....	☐	☐
....	☐	☐
....	☐	☐
....	☐	☐
....	☐	☐
....	☐	☐
....	☐	☐
....	☐	☐
....	☐	☐

Activities

Date ....

Feed

Time	Food	Amount

Sleep

From	To	Duration

Diapers

Time	Pee	Poop
.....	☐	☐
.....	☐	☐
.....	☐	☐
.....	☐	☐
.....	☐	☐
.....	☐	☐
.....	☐	☐
.....	☐	☐
.....	☐	☐

Notes

....
....
....
....
....
....
....

Activities

Date ....

Feed

Time	Food	Amount

Sleep

From	To	Duration

Notes

....
....
....
....
....
....
....
....

Diapers

Time	Pee	Poop
....	☐	☐
....	☐	☐
....	☐	☐
....	☐	☐
....	☐	☐
....	☐	☐
....	☐	☐
....	☐	☐
....	☐	☐

Activities

Date ....

Feed

Time	Food	Amount

Sleep

From	To	Duration

Diapers

Time	Pee	Poop
....	☐	☐
....	☐	☐
....	☐	☐
....	☐	☐
....	☐	☐
....	☐	☐
....	☐	☐
....	☐	☐
....	☐	☐

Notes

....
....
....
....
....
....
....

Activities

Date ....

Feed

Time	Food	Amount

Sleep

From	To	Duration

Diapers

Time	Pee	Poop
....	☐	☐
....	☐	☐
....	☐	☐
....	☐	☐
....	☐	☐
....	☐	☐
....	☐	☐
....	☐	☐
....	☐	☐

Notes

....
....
....
....
....
....
....
....

Activities

Date ....

Feed

Time	Food	Amount

Sleep

From	To	Duration

Diapers

Time	Pee	Poop
....	☐	☐
	☐	☐
	☐	☐
	☐	☐
	☐	☐
	☐	☐
	☐	☐
	☐	☐
	☐	☐

Notes

....
....
....
....
....
....
....

Activities

Date ....

Feed

Time	Food	Amount

Sleep

From	To	Duration

Diapers

Time	Pee	Poop
....	☐	☐
....	☐	☐
....	☐	☐
....	☐	☐
....	☐	☐
....	☐	☐
....	☐	☐
....	☐	☐
....	☐	☐

Notes

....
....
....
....
....
....
....
....

Activities

Date ....

Feed

Time	Food	Amount

Sleep

From	To	Duration

Diapers

Time	Pee	Poop
......	☐	☐
......	☐	☐
......	☐	☐
......	☐	☐
......	☐	☐
......	☐	☐
......	☐	☐
......	☐	☐
......	☐	☐

Notes

....
....
....
....
....
....
....
....

Activities

Date ....

Feed

Time	Food	Amount

Sleep

From	To	Duration

Notes

....
....
....
....
....
....
....
....

Diapers

Time	Pee	Poop
....	☐	☐
....	☐	☐
....	☐	☐
....	☐	☐
....	☐	☐
....	☐	☐
....	☐	☐
....	☐	☐
....	☐	☐

Activities

Date ....

Feed

Time	Food	Amount

Sleep

From	To	Duration

Diapers

Time	Pee	Poop
	☐	☐
	☐	☐
	☐	☐
	☐	☐
	☐	☐
	☐	☐
	☐	☐
	☐	☐
	☐	☐

Notes

Activities

Date ....

Feed

Time	Food	Amount

Sleep

From	To	Duration

Diapers

Time	Pee	Poop
....	☐	☐
....	☐	☐
....	☐	☐
....	☐	☐
....	☐	☐
....	☐	☐
....	☐	☐
....	☐	☐
....	☐	☐

Notes

....
....
....
....
....
....
....
....

Activities

Date ....

Feed

Time	Food	Amount

Sleep

From	To	Duration

Diapers

Time	Pee	Poop
....	☐	☐
....	☐	☐
....	☐	☐
....	☐	☐
....	☐	☐
....	☐	☐
....	☐	☐
....	☐	☐
....	☐	☐
....	☐	☐

Notes

Activities

Date ....

Feed

Time	Food	Amount

Sleep

From	To	Duration

Diapers

Time	Pee	Poop
....	☐	☐
....	☐	☐
....	☐	☐
....	☐	☐
....	☐	☐
....	☐	☐
....	☐	☐
....	☐	☐
....	☐	☐

Notes

....
....
....
....
....
....
....
....

Activities

Date ....

Feed

Time	Food	Amount

Sleep

From	To	Duration

Diapers

Time	Pee	Poop
....	☐	☐
....	☐	☐
....	☐	☐
....	☐	☐
....	☐	☐
....	☐	☐
....	☐	☐
....	☐	☐
....	☐	☐

Notes

....
....
....
....
....
....
....

Activities

Date ....

Feed

Time	Food	Amount

Sleep

From	To	Duration

Diapers

Time	Pee	Poop
....	☐	☐
....	☐	☐
....	☐	☐
....	☐	☐
....	☐	☐
....	☐	☐
....	☐	☐
....	☐	☐
....	☐	☐

Notes

....
....
....
....
....
....
....
....

Activities

Date ....

Feed

Time	Food	Amount

Sleep

From	To	Duration

Diapers

Time	Pee	Poop
....	☐	☐
....	☐	☐
....	☐	☐
....	☐	☐
....	☐	☐
....	☐	☐
....	☐	☐
....	☐	☐
....	☐	☐

Notes

....
....
....
....
....
....
....

Activities

Date ....

Feed

Time	Food	Amount

Sleep

From	To	Duration

Diapers

Time	Pee	Poop
....	☐	☐
	☐	☐
....	☐	☐
....	☐	☐
....	☐	☐
....	☐	☐
....	☐	☐
....	☐	☐
....	☐	☐

Notes

....
....
....
....
....
....
....
....

Activities

Date ....

Feed

Time	Food	Amount

Sleep

From	To	Duration

Notes

....
....
....
....
....
....
....
....

Diapers

Time	Pee	Poop
....	☐	☐
....	☐	☐
....	☐	☐
....	☐	☐
....	☐	☐
....	☐	☐
....	☐	☐
....	☐	☐
....	☐	☐

Activities

Date ....

Feed

Time	Food	Amount

Sleep

From	To	Duration

Diapers

Time	Pee	Poop
....	☐	☐
....	☐	☐
....	☐	☐
....	☐	☐
....	☐	☐
....	☐	☐
....	☐	☐
....	☐	☐
....	☐	☐

Notes

....
....
....
....
....
....
....
....

Activities

Date ....

Feed

Time	Food	Amount

Sleep

From	To	Duration

Diapers

Time	Pee	Poop
	☐	☐
	☐	☐
	☐	☐
	☐	☐
	☐	☐
	☐	☐
	☐	☐
	☐	☐
	☐	☐

Notes

Activities

Date ....

Feed

Time	Food	Amount

Sleep

From	To	Duration

Diapers

Time	Pee	Poop
....	☐	☐
....	☐	☐
....	☐	☐
....	☐	☐
....	☐	☐
....	☐	☐
....	☐	☐
....	☐	☐
....	☐	☐

Notes

....
....
....
....
....
....
....
....

Activities

Date ....

Feed

Time	Food	Amount

Sleep

From	To	Duration

Diapers

Time	Pee	Poop
	☐	☐
	☐	☐
	☐	☐
	☐	☐
	☐	☐
	☐	☐
	☐	☐
	☐	☐
	☐	☐

Notes

Activities

Date ....

Feed

Time	Food	Amount

Sleep

From	To	Duration

Diapers

Time	Pee	Poop
....	☐	☐
....	☐	☐
....	☐	☐
....	☐	☐
....	☐	☐
....	☐	☐
....	☐	☐
....	☐	☐
....	☐	☐

Notes

Activities

Date ....

Feed

Time	Food	Amount

Sleep

From	To	Duration

Diapers

Time	Pee	Poop
	☐	☐
	☐	☐
	☐	☐
	☐	☐
	☐	☐
	☐	☐
	☐	☐
	☐	☐
	☐	☐

Notes

....
....
....
....
....
....
....

Activities

Date ....

Feed

Time	Food	Amount

Sleep

From	To	Duration

Diapers

Time	Pee	Poop
....	☐	☐
....	☐	☐
....	☐	☐
....	☐	☐
....	☐	☐
....	☐	☐
....	☐	☐
....	☐	☐
....	☐	☐

Notes

Activities

Date ....

Feed

Time	Food	Amount

Sleep

From	To	Duration

Diapers

Time	Pee	Poop
......	☐	☐
......	☐	☐
......	☐	☐
......	☐	☐
......	☐	☐
......	☐	☐
......	☐	☐
......	☐	☐
......	☐	☐

Notes

....
....
....
....
....
....
....

Activities

Date ....

Feed

Time	Food	Amount

Sleep

From	To	Duration

Diapers

Time	Pee	Poop
....	☐	☐
....	☐	☐
....	☐	☐
....	☐	☐
....	☐	☐
....	☐	☐
....	☐	☐
....	☐	☐
....	☐	☐

Notes

Activities

Date ....

Feed

Time	Food	Amount

Sleep

From	To	Duration

Diapers

Time	Pee	Poop
.....	☐	☐
.....	☐	☐
.....	☐	☐
.....	☐	☐
.....	☐	☐
.....	☐	☐
.....	☐	☐
.....	☐	☐
.....	☐	☐

Notes

Activities

Date ....

Feed

Time	Food	Amount

Sleep

From	To	Duration

Notes

....

....

....

....

....

....

....

....

Diapers

Time	Pee	Poop
....	☐	☐
....	☐	☐
....	☐	☐
....	☐	☐
....	☐	☐
....	☐	☐
....	☐	☐
....	☐	☐
....	☐	☐

Activities

Date ....

Feed

Time	Food	Amount

Sleep

From	To	Duration

Diapers

Time	Pee	Poop
....	☐	☐
....	☐	☐
....	☐	☐
....	☐	☐
....	☐	☐
....	☐	☐
....	☐	☐
....	☐	☐
....	☐	☐

Notes

....
....
....
....
....
....
....

Activities

Date ....

Feed

Time	Food	Amount

Sleep

From	To	Duration

Diapers

Time	Pee	Poop
......	☐	☐
......	☐	☐
......	☐	☐
......	☐	☐
......	☐	☐
......	☐	☐
......	☐	☐
......	☐	☐
......	☐	☐

Notes

....

....

....

....

....

....

....

....

Activities

Date ....

Feed

Time	Food	Amount

Sleep

From	To	Duration

Diapers

Time	Pee	Poop
....	☐	☐
....	☐	☐
....	☐	☐
....	☐	☐
....	☐	☐
....	☐	☐
....	☐	☐
....	☐	☐
....	☐	☐

Notes

....
....
....
....
....
....
....
....

Activities

Date ....

Feed

Time	Food	Amount

Sleep

From	To	Duration

Notes

....
....
....
....
....
....
....
....

Diapers

Time	Pee	Poop
....	☐	☐
....	☐	☐
....	☐	☐
....	☐	☐
....	☐	☐
....	☐	☐
....	☐	☐
....	☐	☐
....	☐	☐

Activities

Date ....

Feed

Time	Food	Amount

Sleep

From	To	Duration

Diapers

Time	Pee	Poop
....	☐	☐
....	☐	☐
....	☐	☐
....	☐	☐
....	☐	☐
....	☐	☐
....	☐	☐
....	☐	☐
....	☐	☐

Notes

....

....

....

....

....

....

Activities

Date ....

Feed

Time	Food	Amount

Sleep

From	To	Duration

Diapers

Time	Pee	Poop
....	☐	☐
....	☐	☐
....	☐	☐
....	☐	☐
....	☐	☐
....	☐	☐
....	☐	☐
....	☐	☐
....	☐	☐

Notes

Activities

Date ....

Feed

Time	Food	Amount

Sleep

From	To	Duration

Diapers

Time	Pee	Poop
....	☐	☐
....	☐	☐
....	☐	☐
....	☐	☐
....	☐	☐
....	☐	☐
....	☐	☐
....	☐	☐
....	☐	☐

Notes

....
....
....
....
....
....
....
....

Activities

Date ....

Feed

Time	Food	Amount

Sleep

From	To	Duration

Diapers

Time	Pee	Poop
....	☐	☐
....	☐	☐
....	☐	☐
....	☐	☐
....	☐	☐
....	☐	☐
....	☐	☐
....	☐	☐
....	☐	☐

Notes

....

....

....

....

....

....

....

Activities

Date ....

Feed

Time	Food	Amount

Sleep

From	To	Duration

Diapers

Time	Pee	Poop
	☐	☐
	☐	☐
	☐	☐
	☐	☐
	☐	☐
	☐	☐
	☐	☐
	☐	☐
	☐	☐

Notes

....
....
....
....
....
....
....
....

Activities

Date ....

Feed

Time	Food	Amount

Sleep

From	To	Duration

Notes

....
....
....
....
....
....
....
....

Diapers

Time	Pee	Poop
....	☐	☐
....	☐	☐
....	☐	☐
....	☐	☐
....	☐	☐
....	☐	☐
....	☐	☐
....	☐	☐
....	☐	☐

Activities

Date ....

Feed

Time	Food	Amount

Sleep

From	To	Duration

Notes

....
....
....
....
....
....
....
....

Diapers

Time	Pee	Poop
....	☐	☐
....	☐	☐
....	☐	☐
....	☐	☐
....	☐	☐
....	☐	☐
....	☐	☐
....	☐	☐
....	☐	☐
....	☐	☐

Activities

Date ....

Feed

Time	Food	Amount

Sleep

From	To	Duration

Diapers

Time	Pee	Poop
....	☐	☐
....	☐	☐
....	☐	☐
....	☐	☐
....	☐	☐
....	☐	☐
....	☐	☐
....	☐	☐
....	☐	☐

Notes

Activities

Date ....

Feed

Time	Food	Amount

Sleep

From	To	Duration

Diapers

Time	Pee	Poop
.....	☐	☐
.....	☐	☐
.....	☐	☐
.....	☐	☐
.....	☐	☐
.....	☐	☐
.....	☐	☐
.....	☐	☐
.....	☐	☐

Notes

....
....
....
....
....
....
....
....

Activities

Date ....

Feed

Time	Food	Amount

Sleep

From	To	Duration

Notes

....
....
....
....
....
....
....

Diapers

Time	Pee	Poop
....	☐	☐
....	☐	☐
....	☐	☐
....	☐	☐
....	☐	☐
....	☐	☐
....	☐	☐
....	☐	☐
....	☐	☐

Activities

Date ....

Feed

Time	Food	Amount

Sleep

From	To	Duration

Diapers

Time	Pee	Poop
	☐	☐
	☐	☐
	☐	☐
	☐	☐
	☐	☐
	☐	☐
	☐	☐
	☐	☐
	☐	☐

Notes

Activities

Date ....

Feed

Time	Food	Amount

Sleep

From	To	Duration

Notes

....
....
....
....
....
....
....
....
....

Diapers

Time	Pee	Poop
.....	☐	☐
.....	☐	☐
.....	☐	☐
.....	☐	☐
.....	☐	☐
.....	☐	☐
.....	☐	☐
.....	☐	☐
.....	☐	☐

Activities

Date ....

Feed

Time	Food	Amount

Sleep

From	To	Duration

Diapers

Time	Pee	Poop
	☐	☐
	☐	☐
	☐	☐
	☐	☐
	☐	☐
	☐	☐
	☐	☐
	☐	☐
	☐	☐

Notes

Activities

Date ....

Feed

Time	Food	Amount

Sleep

From	To	Duration

Diapers

Time	Pee	Poop
....	☐	☐
....	☐	☐
....	☐	☐
....	☐	☐
....	☐	☐
....	☐	☐
....	☐	☐
....	☐	☐
....	☐	☐

Notes

....
....
....
....
....
....
....
....

Activities

Date ....

Feed

Time	Food	Amount

Sleep

From	To	Duration

Diapers

Time	Pee	Poop
....	☐	☐
....	☐	☐
....	☐	☐
....	☐	☐
....	☐	☐
....	☐	☐
....	☐	☐
....	☐	☐
....	☐	☐

Notes

....
....
....
....
....
....
....

Activities

Date ....

Feed

Time	Food	Amount

Sleep

From	To	Duration

Notes

....
....
....
....
....
....
....
....

Diapers

Time	Pee	Poop
....	☐	☐
....	☐	☐
....	☐	☐
....	☐	☐
....	☐	☐
....	☐	☐
....	☐	☐
....	☐	☐
....	☐	☐

Activities

Date ....

Feed

Time	Food	Amount

Sleep

From	To	Duration

Diapers

Time	Pee	Poop
....	☐	☐
....	☐	☐
....	☐	☐
....	☐	☐
....	☐	☐
....	☐	☐
....	☐	☐
....	☐	☐
....	☐	☐

Notes

....

....

....

....

....

....

....

Activities

Date ....

Feed

Time	Food	Amount

Sleep

From	To	Duration

Notes

....
....
....
....
....
....
....
....

Diapers

Time	Pee	Poop
....	☐	☐
....	☐	☐
....	☐	☐
....	☐	☐
....	☐	☐
....	☐	☐
....	☐	☐
....	☐	☐
....	☐	☐

Activities

Date ....

Feed

Time	Food	Amount

Sleep

From	To	Duration

Diapers

Time	Pee	Poop
....	☐	☐
....	☐	☐
....	☐	☐
....	☐	☐
....	☐	☐
....	☐	☐
....	☐	☐
....	☐	☐
....	☐	☐

Notes

....
....
....
....
....
....
....

Activities

Date ....

Feed

Time	Food	Amount

Sleep

From	To	Duration

Notes

....
....
....
....
....
....
....
....

Diapers

Time	Pee	Poop
....	☐	☐
....	☐	☐
....	☐	☐
....	☐	☐
....	☐	☐
....	☐	☐
....	☐	☐
....	☐	☐
....	☐	☐

Activities

Date ....

Feed

Time	Food	Amount

Sleep

From	To	Duration

Diapers

Time	Pee	Poop
	☐	☐
	☐	☐
	☐	☐
	☐	☐
	☐	☐
	☐	☐
	☐	☐
	☐	☐
	☐	☐

Notes

Activities

Date ....

Feed

Time	Food	Amount

Sleep

From	To	Duration

Notes

....
....
....
....
....
....
....
....

Diapers

Time	Pee	Poop
....	☐	☐
....	☐	☐
....	☐	☐
....	☐	☐
....	☐	☐
....	☐	☐
....	☐	☐
....	☐	☐
....	☐	☐

Activities

Date ....

Feed

Time	Food	Amount

Sleep

From	To	Duration

Diapers

Time	Pee	Poop
....	☐	☐
....	☐	☐
....	☐	☐
....	☐	☐
....	☐	☐
....	☐	☐
....	☐	☐
....	☐	☐
....	☐	☐

Notes

....
....
....
....
....
....
....
....

Activities

Date ....

Feed

Time	Food	Amount

Sleep

From	To	Duration

Diapers

Time	Pee	Poop
.....	☐	☐
.....	☐	☐
.....	☐	☐
.....	☐	☐
.....	☐	☐
.....	☐	☐
.....	☐	☐
.....	☐	☐
.....	☐	☐

Notes

....

....

....

....

....

....

....

....

Activities

Date ....

Feed

Time	Food	Amount

Sleep

From	To	Duration

Diapers

Time	Pee	Poop
	☐	☐
	☐	☐
	☐	☐
	☐	☐
	☐	☐
	☐	☐
	☐	☐
	☐	☐
	☐	☐

Notes

Activities

Date ....

Feed

Time	Food	Amount

Sleep

From	To	Duration

Diapers

Time	Pee	Poop
....	☐	☐
....	☐	☐
....	☐	☐
....	☐	☐
....	☐	☐
....	☐	☐
....	☐	☐
....	☐	☐
....	☐	☐

Notes

Activities

Date ....

Feed

Time	Food	Amount

Sleep

From	To	Duration

Diapers

Time	Pee	Poop
....	☐	☐
....	☐	☐
....	☐	☐
....	☐	☐
....	☐	☐
....	☐	☐
....	☐	☐
....	☐	☐
....	☐	☐

Notes

....

....

....

....

....

....

....

Activities

Date ....

Feed

Time	Food	Amount

Sleep

From	To	Duration

Diapers

Time	Pee	Poop
....	☐	☐
....	☐	☐
....	☐	☐
....	☐	☐
....	☐	☐
....	☐	☐
....	☐	☐
....	☐	☐
....	☐	☐

Notes

Activities

Date ....

Feed

Time	Food	Amount

Sleep

From	To	Duration

Diapers

Time	Pee	Poop
....	☐	☐
....	☐	☐
....	☐	☐
....	☐	☐
....	☐	☐
....	☐	☐
....	☐	☐
....	☐	☐
....	☐	☐

Notes

....

....

....

....

....

....

....

Activities

Date ....

Feed

Time	Food	Amount

Sleep

From	To	Duration

Diapers

Time	Pee	Poop
....	☐	☐
....	☐	☐
....	☐	☐
....	☐	☐
....	☐	☐
....	☐	☐
....	☐	☐
....	☐	☐
....	☐	☐

Notes

....
....
....
....
....
....
....
....

Activities

Date ....

Feed

Time	Food	Amount

Sleep

From	To	Duration

Diapers

Time	Pee	Poop
.....	☐	☐
.....	☐	☐
.....	☐	☐
.....	☐	☐
.....	☐	☐
.....	☐	☐
.....	☐	☐
.....	☐	☐
.....	☐	☐

Notes

....
....
....
....
....
....
....
....

Activities

Date ....

Feed

Time	Food	Amount

Sleep

From	To	Duration

Notes

....
....
....
....
....
....
....
....

Diapers

Time	Pee	Poop
....	☐	☐
....	☐	☐
....	☐	☐
....	☐	☐
....	☐	☐
....	☐	☐
....	☐	☐
....	☐	☐
....	☐	☐

Activities

Date ....

Feed

Time	Food	Amount

Sleep

From	To	Duration

Diapers

Time	Pee	Poop
....	☐	☐
	☐	☐
	☐	☐
	☐	☐
	☐	☐
	☐	☐
	☐	☐
	☐	☐
	☐	☐

Notes

Activities

Date ....

Feed

Time	Food	Amount

Sleep

From	To	Duration

Diapers

Time	Pee	Poop
....	☐	☐
....	☐	☐
....	☐	☐
....	☐	☐
....	☐	☐
....	☐	☐
....	☐	☐
....	☐	☐
....	☐	☐

Notes

....
....
....
....
....
....
....

Activities

Date ....

Feed

Time	Food	Amount

Sleep

From	To	Duration

Diapers

Time	Pee	Poop
....	☐	☐
	☐	☐
	☐	☐
	☐	☐
	☐	☐
	☐	☐
	☐	☐
	☐	☐
	☐	☐
	☐	☐

Notes

Activities

Date ....

Feed

Time	Food	Amount

Sleep

From	To	Duration

Diapers

Time	Pee	Poop
....	☐	☐
....	☐	☐
....	☐	☐
....	☐	☐
....	☐	☐
....	☐	☐
....	☐	☐
....	☐	☐
....	☐	☐

Notes

Activities

Date ....

Feed

Time	Food	Amount

Sleep

From	To	Duration

Diapers

Time	Pee	Poop
......	☐	☐
......	☐	☐
......	☐	☐
......	☐	☐
......	☐	☐
......	☐	☐
......	☐	☐
......	☐	☐
......	☐	☐
......	☐	☐

Notes

Activities

Date ....

Feed

Time	Food	Amount

Sleep

From	To	Duration

Diapers

Time	Pee	Poop
....	☐	☐
....	☐	☐
....	☐	☐
....	☐	☐
....	☐	☐
....	☐	☐
....	☐	☐
....	☐	☐
....	☐	☐

Notes

Activities

Date ....

Feed

Time	Food	Amount

Sleep

From	To	Duration

Diapers

Time	Pee	Poop
....	☐	☐
....	☐	☐
....	☐	☐
....	☐	☐
....	☐	☐
....	☐	☐
....	☐	☐
....	☐	☐
....	☐	☐

Notes

....
....
....
....
....
....
....

Activities

Date ....

Feed

Time	Food	Amount

Sleep

From	To	Duration

Diapers

Time	Pee	Poop
....	☐	☐
....	☐	☐
....	☐	☐
....	☐	☐
....	☐	☐
....	☐	☐
....	☐	☐
....	☐	☐
....	☐	☐

Notes

Activities

Date ....

Feed

Time	Food	Amount

Sleep

From	To	Duration

Diapers

Time	Pee	Poop
....	☐	☐
....	☐	☐
....	☐	☐
....	☐	☐
....	☐	☐
....	☐	☐
....	☐	☐
....	☐	☐
....	☐	☐
....	☐	☐

Notes

....
....
....
....
....
....
....
....

Activities

Date ....

Feed

Time	Food	Amount

Sleep

From	To	Duration

Diapers

Time	Pee	Poop
.....	☐	☐
.....	☐	☐
.....	☐	☐
.....	☐	☐
.....	☐	☐
.....	☐	☐
.....	☐	☐
.....	☐	☐
.....	☐	☐

Notes

Activities

Date ....

Feed

Time	Food	Amount

Sleep

From	To	Duration

Diapers

Time	Pee	Poop
....	☐	☐
....	☐	☐
....	☐	☐
....	☐	☐
....	☐	☐
....	☐	☐
....	☐	☐
....	☐	☐
....	☐	☐

Notes

....
....
....
....
....
....
....
....

Activities

Made in United States
Orlando, FL
13 May 2023